Los Efectos del Covid-19 en la Economía

Aron Porter

DEDICATORIA

Dedicado a cada una de las personas que estan colocando su grano de arena para luchar contra esta pandemia, en los distintos campos tanto el económico como solcial.

Tabla de contenido

AGRADECIMIENTOS

En agradecimiento a todas las personas que impulsaron esta
iniciativa de aclarar lo que está por venir en el campo
económico en tiempos de la pandemia.

CONEXIÓN ENTRE LA CRISIS SANITARIA DEL CORONAVIRUS Y LA CRISIS ECONÓMICA DEL CORONAVIRUS

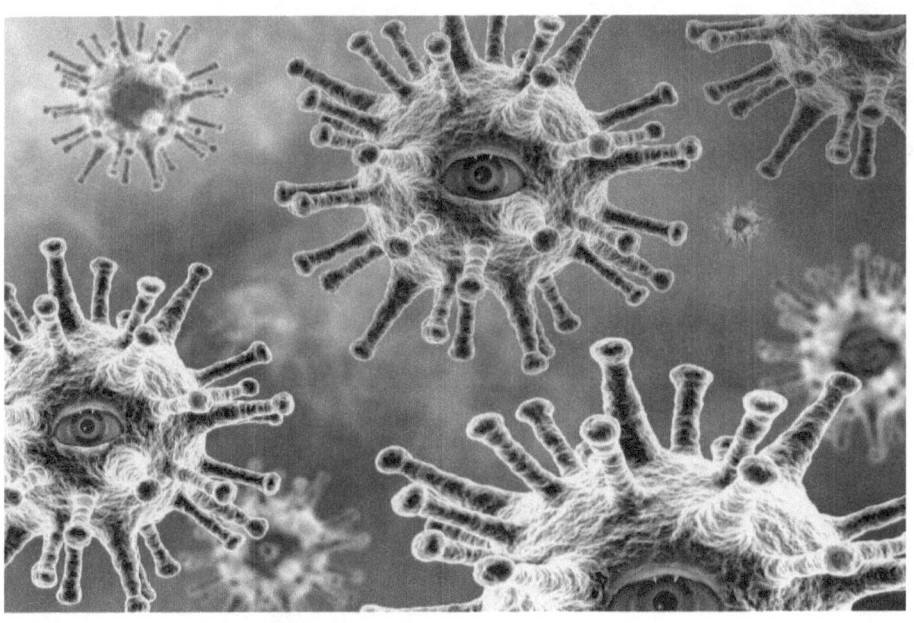

la crisis sanitaria del coronavirus está provocando un hundimiento de las bolsas mundiales y todavía hoy, cuando estos mercados han perdido entre el 25 y el 30 por ciento de su valor, hay muchas personas que no entienden qué tiene que ver esta crisis sanitaria con la crisis económica que están anticipando las bolsas, porque el hecho de que la pandemia está cada vez más extendida por todos los rincones del planeta, tiene que ejercer una influencia tan dañina y tan decisiva sobre el mercado bursátil.

El Shock de Oferta

Para explicar cuál es la conexión entre la crisis sanitaria del coronavirus y la crisis económica del coronavirus, empecemos por el principio y el principio es que el coronavirus constituye un shock de oferta, ¿qué es un shock de oferta?, es una paralización de la producción, en este caso no es que no se produce porque no se quiera producir, sino porque no se puede producir. En el caso del coronavirus con lo que nos encontramos es con que la mayoría de economías occidentales ya están aplicando algún tipo de restricción sobre su actividad económica, por ejemplo, cerrando comercios, cerrando fábricas, es decir, impidiendo que se produzcan bienes o que se distribuyan bienes para así minimizar el riesgo de contagio de los trabajadores que deberían acudir a la fábrica o que deberían acudir a los comercios, por tanto en primer lugar como digo, el coronavirus paraliza las economías y esa parálisis puede ser brutal, es decir, puede afectar a prácticamente todos los sectores de la economía. Recordemos que en china la provincia de Hubei se cerró, se paralizó totalmente y ahora mismo en Italia, han llegado a decretar el cierre de todo establecimiento salvo aquellos que se dediquen a la distribución de medicamentos, farmacias y de alimentos como supermercados y abastos, por consiguiente para combatir, para ganarle la batalla al coronavirus, las economías pueden tener que suspenderse, pueden tener que paralizarse y eso implica un shock de oferta que evidentemente tiene una serie de repercusiones sobre los agentes económicos, tanto sobre trabajadores como sobre empresarios que van a ver como sus rentas se reducen de manera muy significativa, si no produzco y no vendo no puedo cobrar.

El Shock de Demanda

En segundo lugar, el coronavirus también constituyó un shock de demanda, porque si se produce una reducción de las rentas de los agentes económicos y los agentes económicos se empobrecen y sobre todo si se enfrentan a un periodo de incertidumbre, durante el cual no saben en qué momento volverán a tener ingresos, el comportamiento esperado es que busquen maximizar sus tendencias de liquidez, a costa de recortar sus gastos en el resto de la economía, al final, si tanto empresas como trabajadores son conscientes de que durante el periodo de tiempo en el que no estén generando ingresos, van a tener que seguir haciendo frente a gastos y a pagos diversos, gastos para comprar mercancías y pagos para hacer frente a las deudas que hubiesen contraído en el pasado necesitarán contar con liquidez que no va a venir de unos ingresos que se han frenado, que se han suspendido, que se han paralizado; en consecuencia van a recortar sus gastos presentes para acumular liquidez y ese recorte de sus gastos presentes, esa caída del consumo familiar o de la inversión empresarial genera un shock de demanda que afecta de manera muy negativa a aquellos sectores que podrían seguir produciendo a pesar del shock de oferta que se había vivido, por consiguiente únicamente con el shock de oferta y con el shock de demanda, nuestras economías ya sufren un daño tremendo; el shock de oferta hace que no podamos producir; el shock de demanda hace que no queramos producir por la caída del gasto y por tanto, la economía se para totalmente, deja de generar nueva producción, deja de abonar nuevos ingresos a los agentes económicos, es decir, empobrecimiento, y ese empobrecimiento es el que en parte, se están reflejando en los mercados bursátiles.

La Crisis financiera o Crisis de Liquidez

hay una tercera derivada de la crisis sanitaria del coronavirus y por tanto de sus consecuencias económicas que conviene mencionar, porque es con diferencia la más grave de todas. El Shock de oferta y el Shock de demanda si tienen un carácter transitorio, es decir, si conseguimos derrotar al coronavirus en el corto plazo y por tanto podemos volver a trabajar, podemos volver a gastar con tranquilidad, son shocks que pueden superarse con bastante rapidez, son shocks que una vez el coronavirus desaparezca, también van a desaparecer y que incluso podemos intentar compensar con un exceso de producción futura, todo lo que no hemos producido en el pasado nos esforzamos más en producirlo en el futuro, todo lo que no hemos gastado en el pasado lo gastamos ahora con creces en el futuro, pero existe un tercer shock una tercera forma de crisis que si sería verdaderamente dañina que es la crisis financiera o crisis de liquidez.

Recordemos que los agentes mientras no están produciendo y por tanto no están generando ingresos, tienen que seguir atendiendo el pago de sus deudas y si los agentes tienen liquidez para hacer frente al pago de esas deudas, justamente por eso hemos dicho que parte de los agentes recortaban los gastos y generaban un sobre demanda para acumular liquidez, pero si los agentes no cuentan con suficiente liquidez, si la liquidez que han acumulado se les agota conforme van pagando sus deudas, nos enfrentaremos a un problema cierto y ese problema cierto es que los acreedores se van a quedar sin cobrar, y cuando los acreedores no cobran pueden suceder dos cosas; la primera es liquidar los activos del deudor, es decir, el acreedor intenta cobrar intenta recuperar su dinero apropiándose de las propiedades que tiene el deudor, si esas propiedades son familiares normalmente estamos hablando de una vivienda, si esas propiedades son empresariales normalmente estamos hablando de la maquinaria en los locales de las empresas y por tanto estamos hablando de desmembrar las empresas productivas; otra posibilidad es que no se toque a los deudores y que en efecto los acreedores se queden sin cobrar, es decir, que se descapitalice a los acreedores, ¿cuál es el problema de descapitalizar a los acreedores?, es que el principal acreedor en Europa es la banca, claro, también es el principal deudor porque es intermediario financiero, es acreedor y deudor a la vez, la banca es un acreedor de familias y empresas y por tanto, si los bancos no cobran, los bancos se descapitalizan, y si los bancos se descapitalizan, los bancos no pueden hacer frente a sus deudas y sus deudas son los depósitos que todos tenemos en la banca y ya sabemos qué sucede cuando el sistema financiero estadounidense o europeo se descapitaliza, que tenemos una crisis económica brutal, por consiguiente la crisis de liquidez, que sería la tercera fase de la crisis económica derivada del coronavirus, es con diferencia el peor escenario en el que nos podemos encontrar, que algo transitorio o supuestamente transitorio que son las medidas drásticas de contención de la producción, de la interacción social y por tanto de la producción social, generen daños persistentes en forma de quiebras empresariales, que por tanto pierden permanentemente su capacidad para producir y para generar empleo o en forma de quiebra del sistema financiero y por tanto de empobrecimiento de todo y los ahorradores que son acreedores del sistema financiero, es decir, el conjunto de familias y empresas.

ESCENARIOS DE LAS POLÍTICAS DE ESTÍMULO ANTE LA CRISIS DEL CORONAVIRUS

Políticas Fiscales y Monetarias Expansivas.

De acuerdo a lo vivido en otras crisis y las políticas económicas utilizadas históricamente, Fijemos que el margen de actuación que tradicionalmente se otorga a las políticas de estímulo, a las políticas fiscales expansivas y a las políticas monetarias expansivas, es verdaderamente reducido, por un lado, estas políticas son esencialmente inútiles si lo que pretenden es relanzar el gasto agregado dentro de la economía, ¿porque digo que son inútiles?, porque recordemos que el efecto originario que genera todo este problema es un shock de oferta, el Shock de oferta como ya ha explicado es que no estamos produciendo, no porque no tenemos incentivo a producir, sino porque no podemos producir, porque no se nos autoriza a producir debido a que se ordena un distanciamiento social para luchar contra la epidemia, por consiguiente, por mucho que gastemos no vamos a incentivar, no vamos a empujar a que más trabajadores acudan a las fábricas a producir y por tanto a que el PIB y el empleo aumente, esto no va a suceder o al menos solo va a suceder en un reducido margen, el reducido margen de los perjuicios generados por el shock de demanda, que a su vez deriva del shock de oferta, es verdad que las políticas de estímulo pueden contrarrestar en parte el sobre demanda pero sólo de manera muy limitada porque el problema fundamental es el shock de oferta, no podemos producir hasta que hayamos derrotado al coronavirus. Sin embargo, si hay una dimensión en la que estas políticas de estímulo podrían contribuir a paliar en el corto plazo las peores consecuencias de esta crisis, y es justamente tratando de contener la crisis de liquidez que se va a desatar por la parálisis de la producción, ocasionado por el shock de oferta y su derivado Shock de demanda

Políticas Económicas Alternativas

Existe una dimensión en la que las políticas de estímulo focalizadas en algunos agentes económicos concretos y no de manera generalizada sobre toda la economía, podrían contribuir a paliar o a minimizar en el corto plazo algunos de los mayores riesgos de esta crisis económica, como son los riesgos de iliquidez, por ejemplo una política fiscal consistente en bajar impuestos, permitiría que el estado no drenara liquidez de los agentes económicos, si el estado renuncia a cobrar impuestos durante un tiempo, el dinero que tendríamos que haberle pagado al estado los retenemos nosotros mismos para poder atender nuestros propios pagos, para poder hacer frente a nuestras propias obligaciones, también sería el caso por ejemplo, de que el estado se haga cargo de las bajas de los trabajadores que estén suspendidos de actividad, para frenar la extensión del coronavirus, ¿Por qué?, porque estos trabajadores al no estar trabajando no estarían percibiendo un salario, pero el estado reemplazaría ese salario con una transferencia estatal que se financiaría con el propio déficit, con el propio endeudamiento del gobierno, algo parecido cabría decir de las políticas monetarias expansivas dirigidas o condicionadas a la banca, para que ésta otorgue líneas de crédito, refinanciaciones, a aquellos deudores a aquellas familias y empresas cuyos vencimientos de deudas están venciendo y que se ven asfixiadas por la falta de liquidez para poder atender esos pagos, si la banca refinancia a familias y empresas, en cierto modo nos encontramos ante una moratoria en el pago de las deudas, moratoria que se prolongaría hasta que familias y empresas reanuden su actividad y por tanto puedan pagar esas deudas, con los ingresos que obtienen por la vía de producir, no estoy abogando precisamente o exactamente por ninguna de estas políticas, simplemente estoy haciendo un análisis descriptivo de cuáles serían sus consecuencias, aunque tampoco podemos obviar el gran riesgo moral que insertan en el sistema, si siempre que hay un problema el estado acude al rescate los agentes económicos tienden a aprender de esta indisciplina, de esta irresponsabilidad, y por tanto no rectifican su comportamiento en el futuro, pero dicho esto, si las políticas fiscales y monetarias se orientan no a intentar re-inflar el gasto agregado dentro de la economía, sino a proporcionar liquidez o a no drenar liquidez del sector privado, en ese caso, si podrían contribuir a que los problemas, las tensiones la crisis de liquidez no se manifieste muy pronto y por tanto a que tengamos tiempo para vencer la epidemia y a reanudar la actividad productiva antes de que comiencen los impagos y por tanto las liquidaciones de los deudores o la descapitalización de los acreedores.

Limitaciones de las Politicas económicas Alternativas

No obstante también esta última línea de actuación política tiene sus muy serias limitaciones, durante un tiempo puede funcionar, pero seamos conscientes de que si la parálisis de producción se prolonga durante muchos meses, en última instancia terminarán fracasando, porque al final, el problema con el que se va a enfrentar Europa, es uno muy simple, si yo no produzco, si yo no género en mercancías, no puedo comprar mercancías, no puedo disponer de mercancías, salvo que aquel que las produce, pensemos en una economía extranjera no afectada por el coronavirus, me las quiera vender a cambio de que se le pague más tarde, de que se le pague cuando se vuelva a tener ingresos, cuando se vuelva a producir y poder venderle mercancías a cambio de las suyas, es decir, la única forma que tendremos en Europa si la parálisis de la producción, si el shock de oferta se prolonga durante mucho tiempo, la única forma que tendremos de consumir, de disponer de los productos más básicos, será importándolos del extranjero, suponiendo que el extranjero no se haya paralizado a su vez y pagarle a esos extranjeros que nos venden su producción su mercancía con nuestras deudas, deudas que en este caso se podrían ver avaladas o mejoradas por el sector público, es decir, en lugar de colocar en el extranjero deuda privada que siempre es más arriesgada, más incierta y ha de pagar tipos de interés más altos, podríamos a través de las políticas fiscales y monetarias expansivas que se han descrito antes, podríamos comprar las mercancías extranjeras vendiéndoles deuda pública europea o vendiéndoles divisa europea, es decir euros, que en última instancia no son más que pasivos, deuda del sector público, esto como decía anteriormente, se puede prolongar durante un tiempo, si los extranjeros, si economías foráneas siguen produciendo y siguen dispuestos a vendernos esa mercancía a cambio de nuestros compromisos de repago futuro, a cambio de nuestras deudas avaladas incluso por el estado, entonces aunque no produzcamos dentro de nuestras fronteras, podremos seguir disponiendo de bienes, pero qué pasa si fuera de nuestras fronteras también se deja de producir, es decir, si la pandemia paraliza la economía mundial o si aún cuando no la paralice, los extranjeros en algún momento dicen no quiero más deuda europea, porque sigues sin producir nada y solo me estás dando largas para pagarme más tarde, pensemos que cuanto más endeudado estoy sin seguir produciendo, sin generar nuevos ingresos, nos volvemos más insolventes y por consiguiente, prolongar el endeudamiento exterior para poder consumir internamente, mientras no producimos internamente, nos conduce inevitablemente en el muy largo plazo, al impago, a la insolvencia, ya que por tanto los vendedores extranjeros dejen de vendernos porque no quieran financiarnos todavía más, no digo que estemos obviamente en ese escenario, no digo que se vaya a llegar en el corto plazo a ese escenario, porque por fortuna hay países europeos que siguen siendo muy solventes, como por ejemplo Alemania, todos aquellos por cierto que durante tantos años recomendaron que Alemania se híper endeudara, quizá ahora deberían rectificar y deberían agradecer que Alemania sea tan solvente y tenga tanto margen de endeudamiento, porque si no, si estaríamos en una situación muy delicada, pero en todo caso que Europa tenga mucho margen de endeudamiento gracias a algunos países solventes como Alemania, no significa que tenga un margen de endeudamiento ilimitado y por tanto las políticas monetarias y fiscales expansivas dirigidas a proporcionar liquidez, para que los agentes económicos puedan mantener sus adquisiciones de bienes incluso básicos, se pueden topar a medio plazo con un obstáculo infranqueable, con un obstáculo insalvable, el obstáculo de que si seguimos sin producir los extranjeros pueden saturarse de nuestra deuda o pueden estar dispuestos sólo a comprar nuestra deuda a tipos de interés cada vez más altos, que nos vayan colocando en una situación más frágil y más delicada, y todo esto en última instancia se traduce por cierto en más inflación, si no producimos dentro y lo que queremos consumir lo traemos de fuera, pero cada vez los extranjeros están dispuestos a vendernos menos porque consideran que somos una posición de riesgo cada vez mayor, al final nos venderán pero a precios más altos y por tanto compraremos también a esos precios más elevados y esa subida de precios se llama inflación y se llama progresivo desabastecimiento de nuestros mercados, por consiguiente y en definitiva es del todo razonable que los mercados bursátiles estén en modo pánico, porque de momento no ven un final a la epidemia, a la pandemia del coronavirus y no lo ven porque los políticos no están adoptando las medidas necesarias para instaurar el distanciamiento social y por tanto para derrotar a esta pandemia, para derrotar a este virus, mientras esto no suceda el shock de oferta va a permanecer con nosotros y mientras el señor de oferta y su derivado Shock de demanda permanezcan con nosotros, cada vez más la crisis de liquidez a la que se enfrentarán aquellos países que sigan sin producir será mayor, y la crisis de liquidez si se manifiesta en liquidaciones de deudores o en descapitalizaciones de acreedores, genera daños, perjuicios, lesiones persistentes en la economía y esas lesiones persistentes, esa incertidumbre sobre el grado de las lesiones persistentes debido a la negligencia de nuestros políticos, es lo que los mercados bursátiles llevan días descontando.

ACERCA DEL AUTOR

Magister en administración de negocios, preocupado por la situación económica que puede sufrir el mundo debido a la crisis causada por el Covid-19